BAHAR

Bir Değişim Öyküsü

ALTIN KİTAPLAR

Kitabın Orijinal Adı POPPY AND THE BLOOMS

Yayın Hakları

Baskı
ALTIN KİTAPLAR'DA
1. BASIM / TEMMUZ 2024 / İSTANBUL
Çin'de basılmıştır.

ISBN 978 - 975 - 21 - 2961 - 0

ALTIN KİTAPLAR YAYINEVİ
Gülbahar Mah. Altan Erbulak Sok. Maya Han Apt. No.: 14 Kat: 3 Şişli / İstanbul
Yayınevi Sertifika No.: 44011 • Tel: 0.212.446 38 86 pbx • Faks: 0.212.446 38 90
http://www.altinkitaplar.com.tr • info@altinkitaplar.com.tr

Wild kardeşler için...

BAHAR

Bir Değişim Öyküsü

Fiona Woodcock

Türkçesi
Melike Hendek

Şehre yakın bir tepede, sihirli ve gizli bir bahçede *Gelincik* ile arkadaşları

Hindiba, Sümbül

ve minik parlak ***Nergis*** yaşardı.

Baharı müjdeleyen bu güzel çiçekler, rüzgâr gibi hızlı koşar, geçtikleri her yere rengârenk tohumlar ve hoş kokular saçarlardı.

Bir sabah, ***Gelincik*** tuhaf bir hisle uyandı. Kalbi pır pır atıyor, taç yaprakları tir tir titriyordu.

Yakınlarda bir yerde kötü şeyler oluyordu sanki.

Hemen gidip bakmalıydı. "Çiçekler!" diye seslendi.
"Hemen kaykaylara! Şehre gitmemiz gerekiyor."

Dört arkadaş
tepeden hızla şehre
inmeye başladılar.

Şehir her zamankinden daha griydi.
Tüm renkler solmuş gibiydi.

Nergis'in ışıltısı önünde durdukları duvarı aydınlattı. *Gelincik*'in içindeki kötü hissin sebebini buldular.

Şehirdeki son park bugün kapatılıyordu!

“Parkı kapatmalarına izin veremeyiz!” dedi *Gelincik*.

“İyi ama, park nerede ki?” diye sordu *Hindiba*. “Bu kocaman şehirde parkı nasıl bulacağız?”

"Bir fikrim var." dedi Gelincik heyecanla. "Şehrin en yüksek tepesine çıkalım! Parkın nerede olduğunu görebiliriz belki. Haydi, beni takip edin!"

"Tırmanmaya devam ***Nergis***." dedi ***Hindiba*** nefes nefese.

“Çok yaklaştık!” dedi *Sümbül*.
“Neredeyse varmak üzereyiz!”.

"İşte geldik!" dedi ***Gelincik***.
"Parkı görebiliyor musunuz?"

O sırada...

"DURUN!" diye bağırdı ***Gelincik***. "Burası âdeta bir uçurum!"

"Şimdi ne yapacağız?" diye sordu ***Hindiba*** endişeyle.

"Hımmm..." dedi ***Gelincik***. "Görünüşe göre gidebileceğimiz tek bir yol var. O da..."

"... dümdüz aşağı doğru!"

Sümbül bir adım öne çıktı.

"İlk gönüllü benim!" dedi. "Bence çok eğlenceli olacak!"

Çiçekler peş peşe kaymaya başladılar.

“Burası yumuşacık ama birazcık pis ve çok kötü kokuyor!”

Çiçekler düştükleri yerin çöplük olduğunu tabii ki bilmiyorlardı. Daha önce hiç çöplük görmemişlerdi ki!

Çiçekler, bu pis kokulu yerden hemen uzaklaştılar. Dar geçitlerden, karanlık sokaklardan geçtiler.

"Daha hızlı!" diye bağırdı *Gelincik*. "Park hemen şu köşede olmalı!"

O sırada...

... karşılarına kocaman bir araba çıktı.

"DİKKAT!"

Çiçekler hep bir ağızdan çığlık attılar.

"Bu taraftan!" diye bağırdı ***Gelincik***. "Çabuk olun!"

Gördükleri ilk merdivenden çıkmaya başladılar. ***Nergis*** sarı ışıltısıyla arkadaşlarına yol gösteriyordu. Sonunda güvendelerdi ama...

Merdivenler çık çık bitmiyordu! "Bu merdivenin bir sonu var mı acaba?" diye sordu ***Hindiba***.

Tepeye ulaştıklarında
parkın çok ama çok uzakta olduğunu gördüler.

"Çok uzak..." dedi ***Hindiba***. "Ve ben çok yoruldum."

"Parka giden kestirme bir yol mutlaka olmalı." dedi ***Gelincik***. "Pes edemeyiz."

"Peki ama nasıl gideceğiz?" diye sordu Nergis.

Tam o sırada rüzgârın havalandırdığı kocaman bir poşet yanlarından geçiyordu.

"Hey, bakın!"
diye bağırdı Sümbül.
"Herkes şu balona
tutunsun!"

Balonla uçmak
çok ama çoook
eğlenceliydi!

Sevimli çiçekler parka yumuşak bir iniş yaptılar. İner inmez etrafa ışıklarını, tohumlarını ve muhteşem kokularını saçarak koşmaya başladılar.

Parkı rengârenk çiçeklerle donattılar. Sadece parkı mı!

Tüm şehir rengârenk, ışıl ışıl olmuştu!

Bu maceralı günün sonunda çiçekler nihayet evlerine gelmişlerdi. Minik bahçelerinde oturup şehre baktıklarında gözlerine inanamadılar. Bu rengârenk şehir, o eski gri şehir miydi?

"Başardık!" dedi Gelincik gülümseyerek.

"Birlikte başardık!" dedi Hindiba, Sümbül ve Nergis neşeyle.

Minik bir gelinciğin tam 50 bin tohum üretebildiğini biliyor muydunuz?
Minicik, küçücük bir şey, KOCAMAN bir değişim yaratabilir!
Değişim her zaman bizim elimizde...

FW